DE LA
NÉCESSITÉ

DE SE TROUVER

AUX ÉLECTIONS.

A PARIS,

CHEZ TECHENER, LIBRAIRE,

PLACE DE LA COLONNADE DU LOUVRE, Nº 12.

1831.

ROUEN. IMP. DE NICÉTAS PÉRIAUX,
rue de la Vicomté, n° 55.

DE LA
NÉCESSITÉ

DE SE TROUVER

AUX ÉLECTIONS.

Dans l'établissement des sociétés on cherche toujours le droit ; on trouve partout la force ou la ruse.

L'une ou l'autre, après avoir conquis le pouvoir, cherche à le maintenir par le droit ; la raison, le sentiment inné de l'équité, et surtout le temps, le consentement ou le silence des peuples forment le droit politique.

Le droit consolide le pouvoir, le tranquillise et change en lois les volontés, les nécessités de ce pouvoir, pour qu'il puisse se conserver, ainsi que la société qu'il gouverne.

En principe, les lois sont les conventions entre tous les citoyens sur ce qu'ils doivent faire, posséder et souffrir, et sur ce qu'ils peuvent exiger.

En fait, elles sont les règles établies par le pouvoir pour fixer les droits et les devoirs de chaque citoyen, et pour faire respecter les uns et faire remplir les autres.

Le pouvoir de faire des lois en France se divise en trois portions distinctes : le Monarque, la Chambre des pairs et la Chambre élective.

Pour faire ou pour abroger une loi, il faut l'accord des trois pouvoirs ; il le faut encore pour que la société puisse se maintenir au moins avec tranquillité.

La charte, qui avait établi ces trois pouvoirs, avait donné à chacun d'entre eux des moyens de se défendre.

Chacun de ces pouvoirs, qui tend naturellement à devenir unique, est contenu par les deux autres.

Mais celui qui paraît le plus fort, le plus disposé à l'attaque, et qui en même temps est le plus nécessaire à la tranquillité et au maintien de l'ordre social, le pouvoir du Monarque est le plus menacé et n'est le plus fort qu'en apparence.

Le plus fort en réalité, le plus menaçant et le plus à craindre, c'est celui de la chambre élective; le peuple qui a nommé ses membres, qui les regarde comme ses seuls représentants, est toujours disposé à lui prêter ses forces et son appui.

C'est ce qui vient d'arriver. Il est vrai que cette chambre avait été provoquée par le gouvernement, et l'avait été par les mesures les plus imprudentes et les plus déraisonnables.

La chambre a triomphé, et elle a usé de la victoire avec beaucoup de modération, de sagesse et de générosité.

Mais, malgré son habileté et ses bonnes intentions, l'anarchie allait nous engloutir, sans le duc d'Orléans : c'est lui que la providence nous a présenté comme un moyen de salut.

C'est le seul; Dieu nous sauve, et le nouveau Monarque est son principal instrument. Ne souffrons pas que la folie, que la fureur brisent ce précieux et noble instrument; aidons-le, aidons-nous, et combattons, s'il le faut, pour le sauver et nous sauver nous-mêmes.

C'est aux assemblées électorales qu'est le champ de bataille : l'honneur, ainsi que la prudence, nous y donnent rendez-vous. C'est là que vont se décider les destinées de la France, et peut-être celles de l'Europe entière , peut-être même le sort de la civilisation : il s'agit de conserver notre nation , nos propriétés , nos familles et nous-mêmes.

Que deviendrions-nous si nous n'avions plus le Roi actuel, et si nous cédions aux séductions ou plutôt à la violence et aux emportements de ceux qui veulent la république? Nous aurions ce que nous avons déjà vu , ou plutôt nous aurions cent fois pis encore ; nous aurions trois ou quatre guerres civiles, l'Europe sur les bras et un 93 perpétuel.

La Vendée et le Midi ne se soulèveraient-ils pas pour Charles X ? Les partisans de Napoléon, ceux qui, à sa chute, ont perdu leurs honneurs , leur crédit, leurs richesses, ne chercheraient-ils pas à les retrouver dans son fils ? et les partisans du Roi actuel le laisseraient-ils tranquillement détrôner ?

Et les puissances étrangères ont-elles perdu la mémoire, ont-elles oublié les triomphes de la république et l'oppression de l'empire ? Les peuples de l'Europe ont-ils oublié le chemin de notre capitale ?

Et pour se défendre de tant de dangers, pour réunir tous les efforts, les républicains auraient-ils d'autres moyens que la terreur ? Le sang coulerait par torrents , et nous ne trouverions de repos que dans la tombe.

Rappelons-nous les échafauds en permanence , dressés d'un bout de la France à l'autre ; rappelons-nous que tous ceux qui avaient quelque fortune , ou quelque talent, ou quelques vertus, y montaient successivement.

Rappelons-nous les mitraillades de Lyon , les noyades de Nantes , les massacres de Toulon , de Marseille , d'Arras ; rappelons-nous des villes restées sans habitants , des départements entiers devenus presque déserts.

Tout cela sans doute était affreux, tout cela a fait long-temps notre malheur et nous glaçait d'effroi ; mais, dans ce même temps, des mesures moins atroces menaçaient pourtant davantage encore l'existence de la société.

Comment se serait-elle soutenue avec le maximum et les réquisitions? Le cultivateur pouvait-il continuer de vendre son blé à perte, ainsi que le fabricant ses étoffes ? Le premier aurait-il pu continuer ses travaux nourriciers, le second ses travaux bienfaiteurs ? La reproduction n'aurait-elle pas été arrêtée, ainsi que la fabrication ? Et la famine et la disette de tout ce qui est nécessaire aux hommes, l'abandon de tous les métiers, de tous les travaux , ne se seraient-ils pas joints à tous les autres fléaux ? Effets justes et terribles des crimes de quelques-uns, des folies de quelques autres et de la frayeur de tous.

Certes, si ce règne destructeur eût duré encore une année, c'en était fait de la civilisation.

Mais le désespoir de quelques hommes énergiques a produit le 9 thermidor, et le 9 thermidor nous a sauvés. Et il fallait, dit-on, que le 9 thermidor arrivât : un régime aussi violent ne pouvait pas se soutenir.

Hé, grand Dieu! la violence d'un gouvernement empêche-t-elle toujours sa durée ? N'était-ce pas un gouvernement violent que celui des empereurs romains ? et en a-t-il moins duré près de 1500 ans? Les maîtres passaient comme l'ombre, mais le gouvernement subsistait.

Le gouvernement des turcs, celui des mamelucks, ceux de Maroc et de Tunis, ne sont-ce pas des gouvernements violents et insensés? ne durent-ils pas depuis plusieurs siècles ?

Ce n'est pas à cause de sa violence que le gouvernement des terroristes a cessé de peser sur l'humanité; c'est d'abord parce que les chefs de ce gouvernement se sont divisés, et ensuite parce que les causes qui l'avaient produit ont cessé entièrement.

Ce système de terreur devait son existence à la colère du peuple ; et la colère du peuple tenait à ses malheurs et aux dangers effroyables qui le menaçaient.

Quand les dangers n'ont plus existé, quand les victoires, quand les conquêtes ont succédé aux défaites, le peuple s'est calmé, la pitié a succédé à la fureur, et la terreur ne pouvait plus se soutenir.

Mais aujourd'hui que les dangers seraient beaucoup plus menaçants, que les malheurs seraient bien plus terribles, le régime affreux de la terreur ne finirait que par une destruction totale de l'ordre social et par une immense dépopulation.

Nos républicains exaltés feraient comme ces sicaires de Jérusalem, qui, lors du siége de cette ville, voyant qu'ils ne pouvaient plus la défendre, s'égorgèrent entre eux jusqu'au dernier, après avoir massacré tout ce qui ne partageait pas leur fureur.

Ils ont cru mourir en héros, ils se sont trompés : l'histoire n'a transmis leur action à la postérité que comme un exemple hideux de la frénésie humaine.

Voilà vraisemblablement le sort qui nous attend, si nous nous laissons entraîner par les idées républicaines qui égarent beaucoup d'hommes sensés. d'ailleurs et honnêtes jusqu'ici.

La république ne convient ni à nos mœurs, ni à notre position, ni à nos circonstances ; les efforts

que nous ferions pour l'obtenir ne nous condui-
raient qu'à notre perte ; et quand nous parviendrions
à l'établir , elle ne durerait pas six mois : la nature
des choses s'y oppose impérieusement.

Je l'ai démontré dans plusieurs autres écrits
précédents ; mais l'expérience que nous en avons
faite doit le démontrer encore davantage.

Jamais république n'a été mieux organisée que
celle de l'an 3 , et elle est morte de vétusté au
bout de cinq ans , et encore elle n'a duré aussi
long-temps que parce que nous sortions du régime
affreux de la terreur , et que tout système de gouvernement nous paraissait excellent en comparaison
de celui qui venait de finir.

A la république a succédé le despotisme mili-
taire ; lui seul, en contenant tous les partis , en
écrasant la nation , pouvait la soutenir et prolonger
son existence.

Ce despote était un homme prodigieux ; sans
ses talents immenses, c'en était fait de la France,
et encore n'a-t-il pas pu nous préserver de l'inva-
sion étrangère.

Et si un nouveau Bonaparte nous garantissait de
ce terrible avenir, aura-t-il les talents, le caractère,
l'étoile du premier, qui n'a pas pu nous sauver ?

La providence nous a cette fois présenté un
moyen de salut ; conservons-le bien précieusement.

Le duc d'Orléans, devenu notre Roi, peut seul nous préserver de l'avenir dont je viens d'exposer le tableau ; sans lui cet avenir est nécessaire , est indubitable.

C'est le résultat des élections qui décidera de son sort et du nôtre.

Si nous nommons des hommes faibles et craintifs, ou exaltés et ambitieux, nous sommes perdus : les premiers se laisseront entraîner et dominer ; les seconds nous pousseront à la république : et ce ne sera plus la république ou la mort, ce sera la république et la mort.

Si, au contraire, nous nommons des hommes modérés , éclairés et fermes , nous sommes sauvés : éclairés, ils verront le précipice ; modérés, ils se contenteront de ce qui existe ; fermes, ils sauront nous contenir et nous arrêter.

Alors nous aurons une véritable liberté, la seule qui nous convienne , la seule que nous puissions supporter et conserver, celle qui ne marche jamais sans l'ordre, celle qui respecte et conserve tous les droits, celle qui peut seule exister avec nos mœurs, nos richesses et l'étendue de notre territoire ; celle qui est compatible avec des troupes soldées et un grand nombre de prolétaires.

Une mort violente ou le bonheur , voilà ce que les élections vont nous donner, à nous et à la

France ; elles vont décider si les derniers évène-ments sont pour nous ce que 1688 fut pour les anglais, ou s'ils sont les premières convulsions de l'agonie.

Et nous refuserions de nous rendre aux élections ! et nous négligerions ce droit que deux cent mille hommes possèdent avec nous dans l'intérêt et par la confiance de trente-deux millions de nos concitoyens !

Que dis-je, un droit ! C'est un devoir, le plus sacré de tous. Et nous refuserions de le remplir ! et nous le refuserions dans la crise actuelle !

« Mais, dira-t-on, quelle est la loi qui m'y oblige ? » —Quelle est la loi ? grand Dieu ! Celle qui est gravée dans tous nos cœurs, l'amour de notre pays, de nos familles, de nous-mêmes : voilà les premiers législateurs pour l'honnête homme, pour tout homme quel qu'il soit. L'honneur et la conscience ne nous donnent-ils pas aussi des lois ?

L'un et l'autre n'auront-ils pas des reproches à vous faire si, par votre négligence, vous laissez périr votre patrie et votre famille ? N'aurez-vous pas violé la première des lois, celle qui nous ordonne de veiller à la conservation de notre patrie, de notre famille et de nous-mêmes ?

« Mais, direz-vous encore, que peut faire une voix de plus ou de moins dans une aussi nombreuse assemblée? Quelle influence peut avoir un individu sur une réunion d'hommes groupés sous différents drapeaux? »

Un soldat fait-il davantage dans une armée de cent mille hommes? Et s'il s'éloignait le jour du combat, en serait-il moins déshonoré?

Il le serait à bien juste titre, car il est bien plus commode de rester chez soi que de se battre; et si chaque soldat faisait le même raisonnement, le pays se trouverait sans défenseurs et deviendrait la proie d'une poignée de brigands.

Que fera votre voix? — Elle fera nombre. — Que peut faire un individu? — Il peut montrer l'exemple; il peut faire réfléchir l'étourderie, adoucir les haines, détruire les préventions en laissant voir ses bonnes intentions, son désintéressement, son amour pour son pays; il peut calmer l'exaltation par le langage d'une raison saine et éclairée.

Oui, dira-t-on encore, si c'étaient des hommes raisonnables, et si l'on pouvait se faire entendre d'eux; mais ce sont des hommes faibles qui n'écoutent que des furieux.

Qui voulez-vous qu'ils écoutent, si les honnêtes gens se taisent et même se retirent? Vous les traitez d'hommes faibles! ce langage est sévère, mais il n'est pas juste; ce ne sont point des hommes faibles, ce sont des hommes qui ont besoin d'être éclairés, et vous leur refusez vos lumières.

Vous traitez de furieux ceux qui leur communiquent leurs erreurs et leurs passions ; il se peut qu'il y en ait parmi eux, mais la plupart sont des hommes égarés et exaltés.

Appelez-les furieux si vous voulez, mais songez que ces furieux ont de l'énergie, qu'ils tiennent fidèlement à leur parti, qu'ils ne l'abandonnent point et qu'ils se sacrifient pour lui ; et vous, vous abandonnez le vôtre, et vous restez chez vous lorsqu'il faut combattre.

Votre parti est celui de la raison, de la sagesse et de l'honneur, et vous vous faites, par votre indolence, l'auxiliaire de vos ennemis.

Oui, c'est votre indolence qui fait toute leur force ; si les honnêtes gens se montraient seulement, les novateurs n'oseraient pas paraître ; ils seraient forcés de se cacher.

Souvenez-vous d'une époque fameuse qui a décidé pour quarante ans du destin de la France.

Il s'agissait, après l'assemblée constituante, de nommer un maire à la ville de Paris ; cette magistrature était alors la plus importante ; l'homme qui en était revêtu était le véritable maître de Paris et de la France.

Le résultat de cette élection devait décider du

sort présent et de l'avenir de tous les français.

Les honnêtes gens désiraient ardemment Bailly, l'ancien maire, homme éclairé, vertueux et ferme, qui avait puissamment contribué à établir la constitution de 1791, et qui l'avait maintenue par son courage et par son énergie.

Les hommes exaltés, les républicains, les furieux, les brigands voulaient nommer Pétion, connu par ses principes républicains.

Cent mille citoyens actifs avaient le droit de participer à cette élection : quatre mille seulement s'y trouvèrent ; Pétion fut nommé, et vous avez vu ce qui s'en est suivi.

De là sont venus le 20 juin, le 10 août, les 2 et 3 septembre, le 31 mai, la terreur, et enfin tout ce que nous avons éprouvé depuis près de quarante ans.

Si les quatre-vingt-seize mille honnêtes gens s'étaient trouvés à cette importante élection, croyez-vous que les républicains, que les brigands eussent osé se montrer.

Les choses eussent suivi un tout autre cours ; Louis XVI serait encore sur le trône, la constitution de 1791 aurait été modifiée, et nous aurions eu à peu près ce que nous espérons avoir aujourd'hui.

Il est bien probable que ces quatre-vingt-seize mille honnêtes gens auront péri sur les échafauds ou aux armées ; mais croyez-vous que ceux qui auront survécu n'aient pas de ·eproches à se faire? Le souvenir d'une indolence aussi funeste, et j'ose dire aussi coupable, ne doit-il pas leur donner des remords et empoisonner le reste de leurs jours?

Ne les imitez pas ; votre indolence serait plus coupable que la leur , et plus funeste encore.

Ils avaient au moins quelques excuses; ils ignoraient l'importance de leur vote ; ils s'exposaient, en allant aux élections, à la haine, au mépris de leurs parents , de leur société , et de tout ce qui tenait à l'ancien régime et détestait toutes les nouveautés.

Mais vous, vous n'auriez aucune de ces excuses: vingt-cinq ans de malheurs et quarante ans d'expérience ont trop éclairé les français, pour qu'aucun homme, si peu sensé qu'il fût, osât vous faire le moindre reproche.

Et si vous ne profitiez pas des leçons du passé, votre erreur serait plus funeste que toutes les erreurs anciennes ; car enfin la France est encore debout; et si vous abandonnez les élections aux hommes exaltés et aux républicains, c'en est fait, la France est perdue!